CAE LA TIERRA

Sara Ces

Aliarediciones

Corrección: Eladia Guerrero
Diseño de cubierta: Laura S. Ayuso
Maquetación: Aliar Ediciones

Depósito Legal: GR 93-2026
ISBN: 979-13-88058-60-8

Impreso en España

Edita
ALIAR Ediciones
www.aliarediciones.es
info@aliarediciones.es

CAE LA TIERRA

Sara Ces

Junto

a los buzones

pegados como panales de abeja

una fila de turistas revolotea buscando

su cajita de llaves sin saber que

aquí ya no hay

vida.

ACTO I: PULSO

SAL EN LOS OJOS

Escribo
como si sirviera de algo,
como si pudiera yo
devolverme a la vida.

Me pregunto cuál fue
mi último pensamiento,
si es que hubo.

¿Qué fue lo último que miré?
O si miré a otro lado,
como ellos.

Me pregunto,
como si sirviera de algo,
como el *no hay futuro*
tallado a cuchillo
en el baño.

Como si pudiera yo
zanjar el miedo
que es tan grande

que me muda
a otro lugar que no entiendo,
a verle la boca a mi entierro.

Sácame de este zulo,
de este celo,
de estas calles de gallos negros,
de este cuerpo de niña flotando
donde ya no quedan muchos sueños
ni hay gritos de tierra firme.

Y escribo,
y escribo,
            como si sirviera de algo.

Y dejamos de existir:
verbo que nunca fue nuestro.

Mañana no será,
y soñaré con otro *mañana*,
y será tarde,
            demasiado tiempo,
y soñaré
y no será.

Corazón mío que estalla
por no poder ver crecer
mis cimientos,
por no saber sostener esto
que todo el tiempo
se me escapa.

Escribo
y *no será,*
no será,
          como si sirviera de algo,
como si pudiera yo
devolverme a la vida,
como si quisiera ella
devolverme algo.

Como si no estuviera callada
y yo muerta
en este barrio alquilado,
lleno de llaves,
y ruedas,
maletas
y candados.

Barrio de alguien que llega.
Y yo me voy,
            como si yo quisiera.

Que nos creímos a la hormiga
sin ver la sombra
de la suela encima.

Que no me cuentes cuentos tristes,
            que me voy,
cuéntame a qué saben las perdices
en *Un mundo feliz*.

Porque en medio del acto
hay un ruido.
Después, llega el derribo.
Luego, ni se ve el mar.
Que aquí ya no llega
el aliento del agua,
y nos sobra la sal en los ojos,
y los muertos,
y las velas,
            como si sirviera de algo,
            como si yo quisiera.

EL SALTO

Cuando bajo la guardia,
vuelve.
Sin cambios,
para que lo reconozca bien.

A veces,
retorcido camaleón.
Pero yo, adiestrada,
lo distingo.

Como cuando sueñas con alguien
con rostro distinto
pero sabes quién es,
y aunque tenga otra cara,
otra voz,
o sea animal,
sabes quién es
debajo de todo ese disfraz onírico.

Ese día sabía que eras tú,
aunque te escondieras
detrás de esa bola gris

que llevo atragantada en mi tripa.

Escribí con *toda* la tierra,
o eso pensaba.

Porque mis ojos siguen cavando
en alguna parte del bosque
de este cuento de lobos.

Y vuelve sin cambios.

La misma cara de muerte,
el mismo olor
a lugar abandonado,
donde algún sueño se mea encima.

Escalofríos en la nuca,
detrás del fuerte,
porque tú no lo eres.
Yo no lo soy.

Preparada para el salto,
sin piscina,
ni agua,
ni silbato que avise.

ACTO II: ¿HORA DE LA MUERTE?

EL ÚLTIMO BAILE

Mamá,
que me sacó el corazón por los ojos,
y me lo enseñó.
Ya no latía.

Paco de Lucía sonaba.
Yo bailaba,
él mentía.
Yo bailaba,
él mentía.
Yo bailaba.

Yo bailaba,
Yo bailaba,
él mentía.
él mentía.
Yo bailaba,
Yo bailaba,
él mentía.
él mentía.
Yo bailaba.
Yo bailaba.

Yo bailaba,
Yo bailaba,
él mentía.
él mentía.
Yo bailaba,
Yo bailaba,
él mentía.
él mentía.
Yo bailaba.
Yo bailaba.

BARQUITA DORADA DE CUENTOS

Le diría que ese día
me ayudó al destierro
de aquel palacio
con muros de libros
dondenocabíaunalfiler.

Donde el ritual era irme,
despertarme.

Irme.

Eso fue lo que pasó:
desperté al lado
de quien guardaba silencio
mientras me retorcía de miedo.

¿Os podéis creer que volví?

Volví.
Volví.
Volví.

A la celda sin llave,
sintiéndome culpable
por haberme convertido en bicho bola
y convivir con la humedad

de sus paredes escarchadas,
de su mirada negra.

Donde todo lo que no era ÉL

era inferior.

Yo, que me quemé para calentarle.
Cuando pasas tanto tiempo bajo tierra
se te olvida quitártela de los ojos.

Porque no puedes,
porque no llegas,
porque no puedes.

Era inferior.

Le diría que fue testigo
de cómo salí corriendo
a buscar el río,
de cómo esa noche el cielo
se volvió verde,
y ella, hueso.

Que pedí ayuda
en su reflejo,
que busqué hueco

entre los bancos del río,
pero yo, dentro del agua, no sé gritar.

Que su silencio
se me posaba en la ropa,
que sangré todos los posos
y sus besos.

Como cuando pegan a alguien,
se hace corrillo,
y todos quietos.
Nadie,
nada.

Y otra vez el bicho bola.

Llegó el árbol.
Árbol altivo,
                    o lo que yo creí que era árbol,
y me nubló con su humo,
con su sonrisa piraña,
con su tela de seda.

Pero yo, dentro del agua, no sé gritar.

Aquel árbol,
o lo que creí que era árbol,
se movió del suelo.

Nunca vi un árbol moverse
con tanta fuerza.

Nunca pensé que costase tan poco
arrancarse las raíces
sin sentir nada,
incluso con pose descansada.

Aquel árbol
de abrigo largo,
que mientras yo cavaba mi cuna,
o lo que creí que era árbol,
desapareció.

Árbol que mata la vida,
árbol veneno.

Desapareció esa noche
en la que tú,
luna fría,

me espiabas
por la mirilla más grande
del mundo.

Amarga y cruel serpiente.
Faro,
alúmbrame esta vez.

Bruja,
radiante.
Me vuelvo atleta para alcanzarte.

Barquita dorada de cuentos,
cuna de nidos,
alambre.

Gracias por el destierro,
de aquella habitación/barracón,
de tal frío en la carne
que los poros se quedaban muertos,
como los cuerpos de aquellos libros,
de aquellas guerras.

Todo allí: restos.

No quiero tu sombra,
árbol sin agua.

Aparta,
que quitas el sol a mi jardín
donde sobran alfileres
y alfombras.

Aparta,
que ahora soy escorpión.

KRUDA

Desde aquí no se ve el cartel.
Es más pequeño que un camión
y más grande que un recuerdo.

Nos separa un semáforo en rojo.

Lleva catorce días lloviendo,
está reluciente.
Su brillo me cierra la boca.

¿Cómo sería seguir allí?

Y de ese sueño despierto
manchada de rojos y negros.
El de mi delantal y sus fuegos.

Coma agridulce
de volver al pasillo,
a sus taquillas sin llaves,
a su corral de gallitos.

Desgastándome a cada paso del suelo,
a ser consumida por ellos.
Acorralada de babas
y yo sin poder tragar.

No sé cuántas veces
sus dientes podridos
escupirán la frase,
la salsa de soja pringará el sudor
mientras se ríen.

Corazón helado.
Comida cruda.
Boca cerrada.

Cuántas veces
la esquina que me vio salir
con una bolsa de basura en la boca.

Hoy nos separa un semáforo en rojo,
            qué poquita cosa.

A veces sueño con ese agujero.
Creo que es para olvidarme
de esos gigantes menudos
que nunca fueron gigantes.

O quizás busco que esta vez
me tiendan la mano
en lugar de cortármela.

Corazón helado.
Ojalá no haber visto el veneno.

Quizás un día abra la puerta,
abra la boca.
Haga explotar cristales por los aires
reventando las cinco letras rojas.

Será vuestra pesadilla agria,
sin tiempo para tragar.

LAS TRES VENTANAS

En lo alto de la escalera
ahora hay una nube.
Es una oca sentada.
Me elevo,
me quedo con ella.
Que a mí me gusta la altura
Que así se seca la pena,
me sale la risa,
la rabia,
la duda.

Que yo soy más de volar
que de rogar migas de pan
en escaleras mecánicas
a un corazón de metal.

Que sin ventanas no hay oca,
ni sillas,
ni risa,
ni agua fresquita en verano en la fuente,
ni manos que buscan huir de la prisa,
no hay risa,

no hay risa,
no hay risa.
Hay muerte.

ACTO III: TIERRA EN LA LENGUA

ATASCO

Sin perdices ni perdón.
Esto es un atasco.

Mi esquiva,
mi combate,
mi *ring*.

Convertir la estatua de sal
en gigantes piernas que aplastan.

La hostia que no pude daros.
El váter hasta arriba de mierda.
Los cerrojos sellando mi puerta.
Mis piernas el
saltando muro.

No me interrumpan,
me toca a mí.

Esto no va a ser bonito,
ni va a traer ningún aprendizaje
que estampar en una taza.

Ojalá ese verbo en vuestras caras.

A ti, *traición* se te queda corta.
Cualquier palabra se te queda corta
menos asco.

Pobre emoción que se hizo tu siamesa,
la extensión de esa mano que no supiste parar.
Ojalá alguien te la corte y te devore la culpa

C U L P A B L E

Que tengas miedo de que grite tu nombre
delante de la palabra que más temes.
Residuo es lo que eres.

Y no me olvido, no.
De esa voz llorica temblando por dar la cara,
escondiendo tu voz detrás de tus ojos,
detrás de tu pelo,
detrás de tu espalda.
Detrás,
siempre detrás.
Y mi espalda se quedó clavada a los cuchillos que lanzaste.

No tiemblo al pensar
en todas las venganzas del mundo
para ti,
te las mereces todas.
Coleccionista de caretas,
camuflado en pancartas violetas
con juegos de palabras que ni entiendes.
A ver si resuelves mi acertijo:

Nadie consintió tu juego,
COBARDE.
Vuelve a tu escondite.

Que todas las palabras fuertes se te quedan cortas.
Que si esto fuese otra película
tiraría las tiras de tu piel a las leonas
de tu propio circo.

Las obligaría a no matarte,
a dejarte vivo,
sobreviviendo a base de saliva de cerdos,
tus hermanos.

A esperar a que no puedas sostenerte en pie
para clavarte en la cruz
y obligarte a vivir despierto para siempre.
Sin párpados que te tapen,
ni sueños donde refugiarte.

Despierto,
bien despierto.
Para que no se te olvide
todo lo que causaste.

Para que no se nos olvide a n a d i e.

Y no soy cruel,
aspirante a mártir,
esto que escribo
tú mismo lo provocaste.

Porque dejaste huella, sí.
Huella hemorragia.
Huella que desearías no haber conocido,
la que arrancaría y arrojaría a la hoguera,
como tu lengua,
babosa.

Perdón a las criaturas
que arrastré a estas líneas
por morder sus nombres.
A ellas: perdón.

¿Dónde está tu juicio?
Nombre que nace de *juzgar* y *Dios*.
Llegará.
Y no me olvido de vosotras tampoco.
Ojalá ese verbo en vuestras casas.
Ojalá.

Que no me olvido,
que no.

Que quiero una purga para hacer un favor al mundo.
Que sois sobras,
residuos que hasta rechazan palomas.

Hienas sin escrúpulos
con demasiados discípulos,
en redes enredáis las lenguas de las mariposas.
¡Cerrad la boca!
Me toca a mí.

Ay, si esto fuera un juego
o una película de miedo
compasiva,
benéfica,
antorcha brillante.
Lo que Dios multiplicaría serían tortas.
De las que suenan,
de las que pican.

Ay, si esto fuera un juego.
Te taparía con tu propia historia impresa.
Cada palabra: testamento como lluvia.
El punto y final es tu cabeza.

Eres la mosca aplastada en el frasco,
lo que queda detrás del cristal ensuciado,
la ventana tapiada,
el pitido molesto.
Muerto y despierto.
Muerto y despierto.

Pero me tengo que conformar con esto.
Escaso,
me sabe a poco.

De momento

Aviso: riesgo de corrupción en el archivo.

Aviso: riesgo de corrupción en el archivo.

ACTO IV: FOSA

VERDE VIDRIO

Anhelo hacer de una botella de cristal mi hogar,
en la transparencia frágil de paredes curvas,
donde la puerta sea ventana de corcho.

Y allí flotar,
y allí ser nada,
acorde con mis llagas,
acorde con mi tiempo,
que no es este.

TEJADOS EXTRAÑOS

El cielo ruge
en los huecos de mis dientes,
como el pasado.

Los pájaros saben que no,
y dejan de buscar.
Se amontonan en tejados extraños,
para saltar por los aires.
Como la arena pegada a los pies
que papá sacude con la toalla.

Duele y pica.

Y se le olvidó a mi lengua
ese beso.
Y empezó a llover,
como si se tuviera que limpiar
todo lo que existe.

~~DESCANSO~~
NO HAY DESCANSO

LA ENREDADERA

Algo falta.
Algo falta
en la garganta.

Enredadera blanca olvidada.

Cada noche,
antes del sueño,
llega en forma de alarma,
de plastilina,
de colilla aplastada,
espejismo de agua
en la duda del tiempo,
en la duda del alma.

En la duda,
duda en la cama,
duda de dudas,
duda manchada.

Vete, algo, vete.
Vete, que estoy cansada,
vuelve temprano mañana,
o no vuelvas,
que la costumbre acostumbra
universos podridos.

Que la carne no consigue ajustarla.

Me enreda,
me deja sin fuerzas,
me dice que debo acunarla.

Que ella es mi faro,
mi vela.
Yo: su sierva asustada.

Algo falta
en la tripa.

Enredadera seca de polvo,
enredadera ahorcada a mi almohada.

Demasiado tiempo en mi lengua,
tocada y hundida
en su mundo de cartón
que dejó por toda mi casa,
por si acaso,
por si vuelve,
por si pesa,
por si hay miedo,
por si algo.

Lo eliminado del cuerpo se queda
pa recordarme que duerma al fantasma.

ACTO V: REZO

LUZ **DIVINA**

No todo fueron confetis,
no creas.

Que la nostalgia,
            a veces,
juega malas pasadas
y nos hace recordar un tacto de terciopelo
cuando, más bien,
era garfio
retorciendo las cuerdas vocales.

Pero
la foto del jardín…
esa foto.
me conecta con el A M O R.

Lágrimas en mayúsculas.
Amor MAYÚSCULO.

Dolor de niña
atado a tus ojeras
de vieja.

Tus ojos no olvidan
tus años quieta,
en esa cama
que te acorraló
como un torero
lleno de brillos
mientras a ti
se te caía la baba.

Sin más público
que tus lágrimas.

No todo fueron confetis
para ti, tampoco.

Mujer.
Anciana.
Muerta.

De la casa,
del campo,
de todos
menos de ti.
Como Dios manda.

Estoy segura
de que tus últimos pensamientos
fueron para él,
el TODOPODEROSO
mayúsculo
en mayúsculas.

Ese a quien rezabas,
al que debías tu penitencia.
Templo de tus rodillas.

Te pasaste la vida cuidando.

Mujer
del *Cállate* y silencio.
Del eterno sufrimiento.
Mujer de todos,
menos de ti.

Solo viste lo feo del mundo,
y te entiendo.

Pero tantas piedras en los zapatos
terminan por amputarte
las ganas de correr.

A ti,
que solo te hacía reír
hacer trampas al Monopoly.

¿Cómo pudo Dios olvidarte con ese nombre?

ACTO VI: EPITAFIO

PÁJAROS

Cada mañana el mismo ritual;
afilo el cuchillo frente al espejo,
me levanto los sesos
y alimento a los pájaros de mi cabeza.

A veces vuelan y vuelven.
A veces los destruyen los barrotes.

ACTO VII: PÉSAME

CUCHARAS DE PLÁSTICO

En algún momento
descuidé lo imprescindible,
lo valioso.
Lo dejé olvidado
como tortugas en el garaje.

La silueta de mamá
tapa justo el rayo que molesta.

Suelos pisados por tantas vidas.
Suelos con ojos
mirando piernas.
Vidas deprisa.

Qué suerte haberme atrevido
algunas veces,
algunas.
Qué suerte.

La vida me pone delante.
Y yo,
enfrascada,
giro la
esquina.

Extraña
en mi propio cuarto,
en mi propio cuerpo.

La espera a una misma
es la espera más cruda.

Estoy hecha de cucharas de plástico
del cumpleaños de alguien que no llega.

Hay cosas que no se curan,
y pesa el peso en la piel.

Encorvada para siempre,
mi pena.
Buscando *eso* que descuidé.

La última luz:
mi favorita.

Dando paso al cuchillo
de lo pendiente.
Los olvidados,
lo otro,
eso.

¿Por qué subimos tan bajo?

Hoy el pan está duro.
Hay silencio,
y la miel sabe a castaño.

Toda la niebla cubre mi casa,
          celosa del verde.
No quiere que salga.

LA CAZA DEL TESORO

Atleta condenado a rendirse
a la úvula del infierno.

En ese diván fantasma,
en ese desván sombrío,
lleno de dardos torcidos,
grotescos,
sin tactos amigos.

En ese baño de espejos y halagos,
como un eco reposado en la lengua,
para ser engullido.

Allí, murió de sed.
Pobre boca pastosa y fruncida,
que lo olvidó en el fondo,
que lo enterró en vida.

ESPANTAR AL PASTOR

Historia de velatorio,
de sábanas tibias,
de pereza.

Historia que flotó en lo alto
sin puntos
ni cabeza.

Historia pisada
por cigüeñas
sin ojos,
            como tú.

De monje de setenta caras,
pastor de larvas en mi lengua.

                                        t
Saqué el cuchillo de mis c o s   i l l a s
y seguí.

Soy buena con la puntería,
y tú, pésimo esquivando.

~~DESCANSO~~
NO HAY DESCANSO

que no son monstruos que no son monstruos que no son monstruos apaga la muerte muerte muerte cifras muertos vidas en sangre en labios de otros olvidar no olvidar en bajito sal muerte en sal de sus ojos en sal de aquí en no sé salir del mundo que no entiendo esto que no entiendo cifras más cifras me cubren el pelo y más y más y más y ahora una más y ahora una cifra distinta que tiene nombre que tiene nombre que no sé salir que silencio de olvidadas cifras cifras de muertes de cuerpos sin vida caminan por muertes sin más agua que la muerta en labios que no son monstruos nadie les espera apaga y siéntate que ya nadie les espera que no son monstruos silencio sal y muerto en sal la memoria já la memoria está podrida y nadie la mira la memoria es un gusano de color verde y barro la memoria já la memoria está podrida y nadie la mira la memoria es un gusano de color verde y barro la memoria já la memoria está podrida y nadie la mira la memoria es un gusano de color verde y barro la memoria já la memoria está podrida que no son monstruos que no.

ACTO VIII: CAE LA TIERRA

MIGAS

¿Estás bien?

Me dice: *Sí*.

Y se va.

Cargar con cadenas de ortigas,
penitencia que oculta su abrigo.

Me como las migas de su pelo.
Esas que fueron voces
a las que nadie llega,
a las que nadie grita.

Esas.

Disueltas en agua.
Agua con sed,
agua que altera.

Me como la tierra,
se caen mis paredes,
me tapan,
me tapo,
me mata,
me mato.

La llamada:
¿Estás bien?
No.
Y se queda este pincho para siempre.

Pincho cobarde entre la uña y el dedo,
pincho que arrastra veneno.

Las ventanas ocultan verdad,
la ciudad entera lo sabe.
Lo tapo todo de esto,
de lo vuestro
que ya es mío.
Y se queda este pincho para siempre.

Pincho que es costilla,
pincho que se deshace.

No pienso parar hasta que /

~~Todo~~ blanco

Yo,
delante de mí.
Con otra cara,
con otro cuerpo.

Nazco de una línea vertical,
me cuelo por ella.

~~Todo blanco~~

No hay gota de tinta que termine con esto.

Eres la mosca que llevo dentro,
atrapada en mi casa,
en mis llaves,
en mi cuerpo.
Su cara es la luna,
me dice que salte
y llegue hasta el muro
mordido por bestias.

Toda una marcha
sin vuestras cabezas.

Estate tranquila, que ya está muerto.
Me dice: *¿Y qué?*

Los legos ocupan mi mesa
los cargo
hago una torre
cuando busco no están,
ahora son m i g a s d e p a n .

La llamada:
¿Estás bien?
No.

Arranqué el cable,
no estabas.

Y la historia se quedó sin final.

Esta acción no se puede deshacer
¿Desea salir?

Presione si para continuar

. Presione

Presione

Presione

Presione

Fallo en el sistema.

ACTO IX: SILENCIO

ANTORCHA ESQUIVA

Yo solo buscaba tu rostro en el filo del río seco,
en los ojos de aquellas niñas agachadas por tocarte.
Tu compañía: hambre de orilla,
de altura,
de yemas que te pintan,
de notas que te lanzan,
de labios que te cuidan.
Ella,

que duerme desnuda en lienzos, en pizarras.
Llena mi boca de silencio, de luciérnagas y claros.
Se me atascan las preguntas al pensarte.
Quisiera saltar y quedarme.
Te cuelas
en noches de fábulas,
de curiosos en tejados,
cientos de manos trepando
por buscarte,
por librarte de tormentas
y dejarte clavada
en la madera de sus mesas,
en las joyas,
en sus faldas.
Que tu forma cubra mis ojeras.

¿Por qué te escondes, si nadie llega?

EL ÚLTIMO BAÑO

Me fui.
Como la turista que termina un viaje.

Y no creas que avisé.
Me cansa el peso de quedarme
ahí donde no hay témpanos
ni pájaros
ni tintas negras formando islas.

Donde solo hay maletas vueltas
no queda nada.

A mí, ver crecer musgo
entre las grietas
me aprieta el nudo de llorarte.

Todos esos colores tierra
y ese olor a lluvia me aterran.

Despierta aquellas tardes de balcón
y colchón en el suelo.

El sonido de la manguera
salpicando nuestras palabras.
Aquellas que sabían que serían pocas veces
las que volverían a mirarse.

Como el niño que se baña en verano
y sabe que no será para siempre.
Llegará el invierno
y la piscina se sellará de plástico.
Y quizás,
con un poco de suerte,
el verano siguiente vuelva a abrirse.

Eso duró nuestra historia.
Lo que tarda una piscina en llenarse
de mierda,
de bichos flotando muertos
porque tienen sed.

EL OJO

Corazón comido,
risa picuda.

El ojo
que envuelve el mundo
y lo deja todo grabado.

ACTO X: NACIMIENTO

¿Cómo se vuelve a casa?

Sigue a las h o r m i g a s.

ÍNDICE

Este libro se terminó de editar en Granada
en enero de 2026 por

www.aliarediciones.es
info@aliarediciones.es